AF456168

9 Mars 1907

Collection de M. P. D.... marqué P

ESTAMPES

Anciennes

Imprimées en noir et en couleurs

DES ÉCOLES FRANÇAISE ET ANGLAISE

du XVIIIe siècle.

PORTRAITS

MODES COIFFURES

MARS 1907

Commissaire-Priseur,

Me F. LAIR DUBREUIL

Experts :

MM ROBLIN, PAULME

et LASQUIN fils

Collection de M. P. D.....

ESTAMPES ANCIENNES

Des Ecoles Française et Anglaise

du XVIIIe siècle

IMPRIMÉES EN NOIR ET EN COULEURS

CATALOGUE

DES

ESTAMPES

Anciennes

Imprimées en noir et en couleurs

DES ÉCOLES FRANÇAISE ET ANGLAISE

du XVIIIe siècle,

PAR OU D'APRÈS

ANSELIN, BAUDOUIN, BEAUVARLET, BONNET, BOREL, BOUCHER, CHOFFARD, COCHIN le fils, COSWAY, DAGOTY, DEMARTEAU, DREVET, EISEN, FREUDENBERG, HEILLMANN, J.-B. HUET, ISABEY, JANINET, Ang. KAUFFMANN, LAVREINCE, LAWRENCE, MOREAU le Jeune, NATTIER, REYNOLDS, ROMNEY, SERGENT, SMITH, TAUNAY, WATSON, WATTEAU, etc.

PORTRAITS, MODES, COIFFURES

Composant la Collection de M. P. D.....

ET DONT LA VENTE AUX ENCHÈRES AURA LIEU

Hôtel des Commissaires-priseurs, Rue Drouot, N° 9

Salle n° 10

Le Samedi 9 Mars 1907.

à deux heures.

Commissaire-Priseur :

Me F. LAIR DUBREUIL, 6, Rue Favart.

Experts :

M. PAUL ROBLIN	**MM. PAULME & LASQUIN Fils**
65, Rue Saint-Lazare, 65	*10, rue Chauchat, | 12, rue Laffitte*

EXPOSITION PUBLIQUE

Le Vendredi 8 Mars 1907, de 2 heures à 6 heures.

CONDITIONS DE LA VENTE

Elle sera faite au comptant.

Les Acquéreurs paieront *dix pour cent* en sus des enchères.

MM. les Amateurs pourront visiter la Collection, 65, Rue Saint-Lazare, du Vendredi 1er au Mardi 5 mars. (Dimanche excepté).

ESTAMPES ANCIENNES

ALIBERT (à Paris, chez)

1. *De la Tour* (Mlle). — *Rétaut de Villette.* — *La Femme de Chambre de Mme la Comtesse de la Mothe.* Trois portraits in-8, gravés à la manière de lavis.

   Très belles épreuves imprimées en bistre à toutes marges.

2. *Le Guet d'Oliva* (Mlle), ovale in-8, avec scène au bas, représentant l'entrevue de Mlle d'Oliva avec M. de la Motte au Palais Royal.

   Très belle épreuve imprimée en bistre et en sanguine, toutes marges.

ANSELIN

3. La Belle Jardinière (*Mme de Pompadour*), in-4, d'après C. Van Loo.

   Très belle épreuve, grandes marges.

APPLETON (T. G.)

4. Roses, d'après Samuel Luke Fildes, in-fol.

Très belle épreuve sur papier de chine avec la lettre grise, *Proof.*

AUDRAN (B. et J.)

5. Statue équestre de Louis XIV, érigée dans la ville de Lyon, d'après Desjardins et Coustou, gr. in-fol.

Belle épreuve sans marges et endommagée aux angles du bas de l'estampe.

AUDRAN (G.)

6. Les Douze mois de l'année, représentant les douze panneaux de tapisserie, inventés par C. Audran. *Se vend à Paris à l'Hôtel Royal des Gobelins.*

Belles épreuves tirées deux à la feuille.

AUGRAND (Parfait)

7. La Blanchisseuse. — La Bouquetière. — La Vendangeuse. Trois pièces in-4, d'après Busset et Dubrusle.

Très belles épreuves, imprimées en couleurs, grandes marges.

AVELINE

8. Veüe et perspective de la Maison des Dames de Saint-Cyr du côté du jardin, in-4, en larg.

Belle épreuve, marges.

BAUDOUIN (d'après P. A.)

9. Le Catéchisme. — Le Confessionnal. Deux pièces faisant pendants, par P. E. Ponce. (E. B. 12 et 15).

Très belles épreuves, marges.

BEAUVAIS

10. *La Ferté* (M. le Marquis de), représenté à cheval, d'après C. Parrocel, pet. in-fol.

Belle épreuve, marges.

BEAUVARLET (J. F.)

11. *Du Barry* (Mme la Comtesse) en costume de chasse, d'après Drouais, in-fol.

Superbe épreuve avant la lettre, petites marges. Très rare.

12. Histoire d'Esther. Six pièces in-fol., d'après De Troy.

Belles épreuves, petites marges.

13. La Marchande d'amour, in-fol. en larg., d'après Vien.

Très belle épreuve avant toutes lettres, signée par le graveur.

Beau cadre en bois sculpté et doré, de l'époque Louis XVI.

BEECHY (W.) et HOPPNER (d'après)

14. **The Gipsy fortune Teller. — The Show.**

Deux pièces faisant pendants, gravées à la manière noire par G. Young.
Très belles épreuves, marges.

BÉNARD (d'après)

15. **Repos de chasse, par Moitte, in-fol.**

Belle épreuve, petites marges.

BONNET (L. M.)

16. ***Du Barry* (Mme la Comtesse), d'après Drouais, in-fol.**

Très belle épreuve, imprimée à la sanguine, sans marge dans le bas.

BOREL (d'apres Ant.)

17. **Le Bain interrompu. — La Circassienne à l'encan.**

Deux pièces in-4, en larg., faisant pendants, gravées par Levaillé.
Très belles épreuves imprimées en coul., marges.

18. **Le Don intéressé. — La Morale inutile.**

Deux pièces in-4, faisant pendants, gravées par E. Voysard.
Belles épreuves, marges (mouillures).

19. **L'Innocence en danger, 1re estampe de la suite de la Paysanne pervertie, par F. Huot, 1792.**

Très belle épreuve, grandes marges.

BOUCHER (d'après Fr.)

20. **La Bergère laborieuse. — La Bonne Mère. — Le Château de Cartes. — La Crémière.**

Suite de quatre pièces in-4 en haut., gravées par Ingram et Liotard.
Belles épreuves, marges.

21. **Vénus sur les eaux, par P. E. Moitte, in-fol. en larg.**

Très belle épreuve, marges.

22. **Projets de Fontaines. Deux pièces par J. G. Hertel, in-4.**

Belles épreuves.

BOUTELOU (L.)

23. ***Caroline,* Reine de Naples. Petit médaillon, cadre orné avec scène au bas. 1786.**

Très belle épreuve imprimée en bistre et en couleurs. Marges.

24. **Le Médaillon seul.**

Belle épreuve imprimée en couleurs.

BOVINET

25. ***Du Barry* (Mme la Comtesse). In-8.**

Très belle épreuve à toutes marges.

CAZENAVE (d'après)

26. **A l'Amour il faut se rendre.**
Le Nid d'Amour.

Deux Estampes in-fol. faisant pendants, gravées par Cazenave et Mme Cazenave.
Très belles épreuves imprimées en couleurs. Marges.

CHEREAU (A Paris chez Mme Vve)

27. **Rentrée solennelle de Louis XVIII dans sa bonne ville de Paris. Pet. in-fol. en larg.**

Epreuve coloriée du temps, encadrée.

CHOFFARD (P. P.)

28. **Vue de la Ville d'Orléans, d'après Desfriches. In-fol. en larg.**

Belle épreuve. Marges.

COCHIN LE FILS (d'après C. N.)

29. **Décoration du Bal Masqué donné par le Roy dans la grande Galerie du Château de Versailles, à l'occasion du mariage de Louis Dauphin de France avec Marie-Thérèse infante d'Espagne, la nuit du XXV au XXVI février M.D.CC.XLV. Gr. in-fol. par C. N. Cochin le Père.**

Très belle épreuve du 1er tirage, encadrée.

30. — **La même estampe.**

Belle épreuve ancienne. Grandes marges.

COIFFURES (Pièces sur les)

31. La Calèche ordinaire. — Hérisson couvert d'une calèche retroussée. — La Thérèse. — Espèce de Pouf couvert d'un voile de gaze transparent. Quatre sujets à la feuille. *Chez Esnault et Rapilly.* In-4.

Très belle épreuve coloriée du temps. Marges.

32. Coeffure d'un nouveau goût. — Le Pouf avec quatre boucles à la chancelière. — Le Hérisson avec trois boucles détachées. — Coeffure au colisée surmonté d'un nouveau Pouf. Quatre sujets à la feuille. *Chez Esnault et Rapilly.* In-4.

Très belle épreuve coloriée du temps. Marges.

33. Suite de Douze planches de Coiffures tirées à quatre par feuille avec un encadrement pour le texte en face de chaque sujet.

Ces sujets de Coiffures ont servi à l'*Almanach de la Toilette et de la Coiffure des dames Françaises. Paris, 1777.*

Trois feuilles in-4 à toutes marges. Très belles épreuves avant le texte qui doit les accompagner.

COSTUMES (Pièces sur les)

34. Les Eléments. — Les Sens. — Huit pièces in-4 en pied. *A Paris, chez Bonnart.*

Très belles épreuves. Grandes marges.

COSTUMES (Pièces sur les)

35. L'Europe. — L'Asie. — L'Afrique. Autre sujet. Quatre pièces in-4 en pied. *A Paris, chez Bonnart.*

Très belles épreuves, une est sans marges.

36. Costumes des Dames et des Demoiselles de Saint-Cyr. Suite de Neuf pièces in-4 en pied. *A Paris, chez Arnoult et Bonnart.*

Très belles épreuves. Marges.

37. Six planches doubles.

Très belles épreuves. Marges.

38. Mademoiselle de Mennetoud à sa Toilette. — Madame de la Ferté. — Madame la Princesse de Couty douairière. — Madame la Comtesse d'Olonne. — Madame la Marquise de Maintenon. — Madame la Marquise de Quélus. — Madame L. C. D. C. estant à l'Eglise. Sept portraits in-4 en pied. *A Paris, chez Mariette, Trouvain et Bonnart.*

Très belles épreuves.

COSWAY (d'après R.)

39. *Bulkeley* (The Right Honble Harriêt Viscountess). In-4 en pied par Fr. Bartolozzi.

Très belle épreuve imprimée en bistre. Marges. Cadre en baguette ancienne sculptée et dorée de l'époque Louis XVI.

COSWAY (d'après R.)

40. *Récamier* (Mme). In-4 à mi-corps, par Ant. Cardon. 1804.

Très belle épreuve imprimée en couleurs. Petites marges.

41. *Récamier* (Mme). Ovale in-8, publié par Bonneville.

Belle épreuve. Petites marges.

DAGOTY (S.-B. André Gautier)

42. *Du Barry* (Mme la Comtesse) représentée en " saut de lit " et son fameux négrillon Zamore lui apporte son café. In-fol.

Superbe épreuve imprimée en couleurs avant le tirage de la cinquième planche de gouache, avec les trois mouches du visage bien indiquées.

Il y a quelques rehauts de gouache faits à la main sur le bord des dentelles, et les yeux sont peints en bleu clair. Sans marges. Pièce de la plus grande rareté.

Mesure de la planche, H. 0,30 1/2, L. 0,37 1/2.

DAULLÉ (J.)

43. La Grecque sortant du Bain, d'après J. Vernet.

Deux épreuves, dont une avant toutes lettres. Marges.

DE FRAINE (d'après J. de)

44. L'Acte d'humanité par R. de Launay.

Belle épreuve. Grandes marges.

DEMARTEAU (Gilles).

45. **Vénus et l'Amour. — Bacchante et Amour.**

Deux pièces in-8 faisant pendants, d'après Boucher. Superbes épreuves aux crayons de couleurs, sans marges.

46. *Comme il va rire ! Comme il va être étonné de voir sa tête et sa flûte entourées de guirlandes.* Gessner, idylle 15, d'après Le Barbier l'aîné, in-4 en larg., 1783.

Très belle épreuve imprimée en couleurs, marges.

47. Jeune fille assise, le bras passé sur un panier de fleurs. (De Leymarie, 6).

Femme nue et Amour (21).

Jeune femme debout, tenant un enfant, un vieillard est assis à côté d'elle (122).

Trois pièces d'après Fr. Boucher, in-4. Très belles épreuves à la sanguine, grandes marges.

48. Deux paysannes portant, l'une un paquet sous son bras, l'autre sur la tête, d'après Fr. Boucher, in-4 (70).

Superbe épreuve imprimée à la sanguine, à toutes marges.

49. Jeune homme surprenant une jeune fille endormie, d'après Fr. Boucher, in-4 (137).

Très belle épreuve gravée en imitation de crayon, grandes marges.

DEMARTEAU (Gilles).

50. Les Grâces et l'Amour, d'après Fr. Boucher (347).

Très belle épreuve aux crayons de couleurs, sans marges.

51. Paysage avec pont, d'après Houël (64).
Pont rustique sur une rivière de Russie, d'après J.-B. Le Prince (399).
Chasse et trophées, d'après J.-B. Huet (451).
Trois pièces, in-4.

Belles épreuves à la sanguine.

52. Académie de femme, d'après Fr. Boucher (552).

Très belle épreuve aux crayons de couleurs, sans marges, encadrée.

53. Pastorales. Deux pièces in-4 en larg., d'après Fr. Boucher et J.-B. Huet (568-569).

Très belles épreuves aux crayons de couleurs, petites marges.

DESFRICHES (d'après)

54. Vue des ouvrages du pont d'Orléans, par Chedel, in-4 en larg.

Belle épreuve, petites marges.

DREVET (P.)

55. *Lecouvreur* (Adrienne), d'après Ch. Coypel (F. D. 24).

Très belle épreuve, petites marges.

DREVET (P. J.)

56. *Marie Clémentine Sobieska*, femme de *Jacques III* dit le premier prétendant d'après Davids (F. D. 10).

Très belle épreuve avec marges.

DUCLOS (A. J.)

57. Retour de chasse, du 3 janvier 1783, in-4 en larg.

Belle épreuve, marges.

DUFLOS (Cl.)

58. *Argenson* (Marc-René de Voyer de Paulmy, Mr d'), d'après H. Rigaud, in-fol.

Belle épreuve, petites marges.

EDELINCK (Gérard)

59. Sainte Madeleine d'après Ch. Le Brun (R. D. 32).

Belle épreuve, petites marges.

60. — La même estampe.

Très belle épreuve avant la lettre, marges. Très rare.

EISEN (d'après Ch.)

61. L'Amour européen, par F. Basan.

Belle épreuve, marges. (Restauration dans la marge du bas).

EISEN (d'après Ch.)

62. **Le Printemps. — La Belle Fermière. — La Belle Nourrice.— Les Amusements champêtres. — Les Plaisirs champêtres. Cinq pièces in-4 en larg., gravées par J. de Longueil.**

Très belles épreuves avant les numéros, marges.

ÉVENTAILS (Feuilles d')

63. **Le Jugement de Pâris. — Estelle et Némorin. — Télémaque dans l'Isle Calypso. — La Musique. — Quatre pièces.**

Epreuves imprimées en couleurs.

FREUDEBERG (d'après S.)

64. **Le Boudoir, par P. Maleuvre, 1774.**

Très belle épreuve avant le numéro, petites marges, encadrée.

65. **Les Confidences, par C. L. Lingée, 1774.**

Très belle épreuve avant le numéro, petites marges, encadrée.

66. **L'Evénement au bal, gravé à l'eau-forte par Duclos, terminé au burin par Ingouf Junior.**

Très belle épreuve avant le numéro, petites marges, encadrée.

67. **L'Occupation, par Lingée.**

Très belle épreuve avant le numéro, marges, encadrée.

FREUDEBERG (d'après S.)

68. **La Promenade du soir, par Ingouf Junior, 1774.**

Très belle épreuve avant le numéro, petites marges, encadrée.

69. **La Soirée d'Hyver, par Ingouf Junior, 1774.**

Très belle épreuve avant le numéro, petites marges, encadrée.

70. **La Visite inattendue, par Voyez l'aîné, 1774.**

Très belle épreuve avant le numéro, marges, encadrée.

GAUCHER (Ch. S.)

71. ***Du Barry* (Mme la Comtesse), d'après Drouais, in-8, cadre orné.**

Très belle épreuve à toutes marges.

GÉRARD (d'après Mlle)

72. **Le Présent, par H. Gérard, in-fol.**

Très belle épreuve avant la lettre, grandes marges.

GRAVELOT (d'après Hub.)

73. **Jupiter et Léda.**
Andromède délivrée par Persée.
L'Enlèvement d'Europe.
La Vérité.

Suite de quatre pièces in-8, ovales, avec entourages ornés de style Rocaille. *A Paris, chez le Père et Avaulez.*

Très belles épreuves à toutes marges, rare.

HEILLMANN (d'après)

74. **Le Bon Exemple.**
Mademoiselle sa Sœur.

Deux charmantes pièces faisant pendants, gravées par Chevillet.

Très belles épreuves avant la lettre, les noms d'artistes tracés à la pointe, grandes marges.

HOUSTON (Richard)

75. ***Barrington*** **(The Hon. M^{rs}), gravé à la manière noire, d'après R. Reynolds, 1758, gr. in-4.**

Très belle épreuve, grandes marges.

HUET (d'après J.-B.)

76. **Colin-Maillard. — La Main-Chaude. Deux pièces in-4, en larg.** ***A Paris, chez Bonnet.***

Très belles épreuves, imprimées en couleurs, petites marges.

HUET fils (à Paris, chez)

77. **1re Réquisition des deux genres.**

Très belle épreuve en couleurs.

ISABEY (d'après J.-B.)

78. ***Hortense,*** **duchesse de Saint-Luc, ex-Reine de Hollande, in-8, en larg.**

Très belle épreuve, imprimée en bistre, marges.

ISABEY (d'après J.-B.)

79. *Joséphine*, Impératrice des Français, par Monsaldy, ovale, in-8.

Très belle épreuve avant la lettre, grandes marges.

80. *Marie-Louise*, Archiduchesse d'Autriche, Impératrice, Reine et Régente, par Mécou, in-4, cadre orné.

Très belle épreuve, grandes marges, avec le cachet.

JANINET (Fr.)

81. Adam et Eve.— La Mort d'Abel. Deux pièces in-fol., en larg., faisant pendants, d'après Le Barbier.

Superbes épreuves imprimées en couleurs. La première est avant la lettre et la seconde tirée avec cache-lettre.

82. La Jeune Vestale, d'après Le Barbier, ovale, in-4.

Très belle épreuve imprimée en couleurs, marges.

83. *Colombe* (Mlle) Rôle de Bélinde dans la Colonie. — *Contat* (Mlle) Rôle de Rosalie dans les Caprices. Deux portraits in-8, en pied.

Très belles épreuves imprimées en couleurs, grandes marges.

JANINET (Fr.)

84. *Contat* (Mlle), Rôle de Suzanne, d'après Dutertre, in-4, en pied.

Très belle épreuve imprimée en couleurs, marges (Petite déchirure dans le haut).

85. *Favart* (Mme). Rôle de Roxelane, in-8, en pied.

Superbe épreuve imprimée en couleurs, avant la pagination, grandes marges.

86. *Guimard* (Mlle), dans le ballet du Navigateur d'après Dutertre, in-8, en pied.

Très belle épreuve imprimée en couleurs, avant la pagination, grandes marges.

87. *Carline* (Mlle), Rôles de Julie et de Zélia. — *Contat* (Mlle), Rôle de Mme de Randan. — *Fleury* (Mlle), Rôle d'Ophélie. — *Maillard* (Mlle), Rôle d'Armide et dans Tarare. — *Saint-Huberti* (Mlle), Rôle de Didon. — *Saint-Val* (Mlle), Rôle de Zulma. — *Vestris* (Mlle), Rôle de Pauline. Neuf Portraits, in-8, en pied.

Très belles épreuves, marges.

KAUFFMANN (d'après Ang.)

88. *Rushout and Daughter* (Lady), par J. Burke.

Superbe épreuve imprimée à la sanguine. Grandes marges.

KAUFFMANN (d'après Ang.)

89. **Portrait de jeune femme, représentée de face, à mi-corps et tenant à la main une gerbe de fleurs. Ovale gr. in-8, gravé par Chas Routte (Ruotte).**

Très belle épreuve imprimée à la sanguine. Marges.

90. **L'Amour retient par une guirlande de roses une jeune femme endormie. In-fol. en larg., gravé à la manière noire par Th. Burke, 1772.**

Très belle épreuve avant la lettre. Marges.

91. **Dévouement des Dames Romaines.**
Générosité de Scipion.

Deux estampes in-fol. en larg. faisant pendants, gravées par Augustin Legrand.

Très belles épreuves imprimées en couleurs. Grandes marges.

LAVREINCE (d'après Nic.)

92. **L'Assemblée au Concert.**
L'Assemblée au Salon.

Deux estampes in-fol. en larg. faisant pendants, gravées par Dequevauviller (E. B. 5 et 6).

Très belles épreuves. Marges.

93. **Le Billet doux. — Qu'en dit l'abbé ? Deux pièces faisant pendants, gravées par N. de Launay (E. B. 10 et 51).**

Très belles épreuves, marges, encadrées.

LAWRENCE (d'après Sir Thomas)

94. *Dover* (The Right Honble Lady) à la manière noire par Samuel Cousins. In-fol., 1831.

Très belle épreuve du 1er tirage *avec les Armoiries.*

95. *Grosvenor* (Elisabeth-Countess), à la manière noire, par Samuel Cousins. In-4, 1833.

Très belle épreuve à toutes marges.

LE BARBIER L'AINÉ (d'après)

96. Consécration de Cora au culte du Soleil.
Courage d'Amazili et de Télasco.
Naufrage de Télasco et d'Amazili.
Erreur de Cora prêtresse du Soleil.
Dévouement sublime du Cacique Henri.

Suite de cinq pièces in-fol. en larg. gravées par Mariage pour *les Lettres d'une Péruvienne,* par Mme de Graffigny.

Très belles épreuves imprimées en couleurs. Il manque la planche 3e pour que la suite soit complète.

97. Vue des Jardins de la Villa Aldo Brandina à Rome. — Vue des Ruines du Campo Vaccino à Rome. Deux pièces faisant pendants, gravées par Mme Allais.

Très belles épreuves imprimées en couleurs. Grandes marges.

98. Canadiens au tombeau de leur enfant, par Ingouf le Jeune. 1786.

Belle épreuve. Marges.

LE BAS (J. Ph.)

99. Revue de la Maison du Roi au trou d'enfer, d'après Le Paon. In-fol. en larg.

Très belle épreuve avec le titre tracé en lettres grises. Petites marges.

LE BEAU

100. *Du Barry* (Mme la Comtesse), d'après Marilly. In-8, cadre orné.

Très belle épreuve à toutes marges.

101. *Dorat*, petit médaillon entouré par Les Grâces, d'après Queverdo. In-4.

Très belle épreuve à toutes marges.

102. *Pompadour* (Madame la Marquise de) d'après Queverdo. In-4.

Très belle épreuve avant le numéro, à toutes marges.

LEBRUN (d'après Mme Vigée)

103. L'Innocence se réfugiant dans les bras de la Justice.

La Paix qui ramène l'Abondance.

Deux pièces in-fol. faisant pendants, gravées par Fr. Bartolozzi et P. Viel, 1783-1787.

Très belles et rares épreuves imprimées en couleurs et rehaussées. Cadres anciens en bois sculpté et doré.

LE BRUN (d'après Ch.)

104. **Recueil de divers desseins de Fontaines et de frises maritimes. *A Paris, chez Edelinck.* Titre et vingt-et-une planches in-fol.**

Belles épreuves. Grandes marges.

LEGRAND (Augustin)

105. **La Romance, d'après Schmit, in-4.**

Très belle épreuve imprimée en couleurs, grandes marges.

LE PEINTRE (d'après)

106. **Le Danger de la bascule.**
La Tricherie reconnue.

Deux pièces in-4 en larg. faisant pendants, gravées par De Monchy.
Très belles épreuves, marges.

LE PRINCE (d'après J.-B.)

107. **The Welcome Necos et son pendant. Deux pièces, par L. Marin, 1775.**

Très belles épreuves imprimées en couleurs, marges.

LESPINASSE (d'après le Ch^er^ de)

108. **Trianon, vue du jardin anglais et du Belvédère, par Masquelier.**

Très belle épreuve avant la lettre, les noms d'artistes tracés à la pointe.

LINGÉE (Car. L.)

109. *Raucourt* (Mlle), actrice, avec une scène de Mithridate au bas, d'après Freudenberg et Moreau le Jeune, in-4.

Très belle épreuve, grandes marges.

LORDON (d'après)

110. L'Amour enflamme Calypso et Eucharis, par Dissard, in-fol. en larg.

Très belle épreuve imprimée en couleurs à toutes marges.

LOUTHERBOURG (d'après P. J. de)

111. Repos de chasse de Madame la comtesse de*** par Demonchy, in-fol.

Belle épreuve, grandes marges.

MALAPEAU (C. N.)

112. *Raucourt* (Mlle) de la Comédie Française dans *Médée*, 1799.

Très belle et rare épreuve avec la tablette blanche et avant les vers, petites marges.

MALLET et LORDON (d'après)

113. Histoire d'Atala, suite de quatre pièces, pet. in-fol. en larg. gravées par P. J. Simon.

Belles épreuves encadrées.

METTAY (d'après)

114. Les Bergers romains, par Le Veau, in-fol. en larg.

Très belle épreuve, marges.

MILCENT

115. Veüe de Paris du côté de Belleville.

Veüe de Paris dessinée du salon du Pavillon de S. A. S. madame la duchesse du Maine de la pointe de l'Arsenal.

Veüe de Paris dessinée du clocher de l'église de Chaillot.

Veüe de Paris dessinée de la grande terrasse du château de Meudon.

Suite de quatre pièces, gr. in-fol. en larg.
Belles épreuves encadrées.

MONDHARE (à Paris chez)

116. L'Agréable surprise, ovale in-4 avec vue de ville au bas, dans un cartouche rocaille.

Belle épreuve, grandes marges.

MONDON LE FILS (d'après)

117. L'Heure du matin, par Aveline.

Belle épreuve, grandes marges.

MONNET (d'après Ch.)

118. **Offrande à Vénus, ou la victime agréable, in-4, cadre orné, par De Ghendt.**

Belle épreuve, marges.

119. **La Promenade du printemps, in-fol. en larg. par Augustin Legrand.**

Belle épreuve imprimée en couleurs, petites marges.

MONSIAU (d'après)

120. **Le Prix de beauté (Zeuxis le donne à son modèle), in-fol. en larg., par Chaponnier.**

Très belle épreuve avant toutes lettres, marges.

MOREAU LE JEUNE (d'après J. M.)

121. **La Dame du palais de la Reine, par P. L. Martini.**

Très belle épreuve avec A. P. D. R., grandes marges.

122. **N'ayez pas peur, ma bonne amie, par Helman.**

Belle épreuve avec marges, encadrée.

123. **Hommages rendus à Voltaire sur le Théâtre français, le 30 mars 1778, après la sixième représentation d'Irène, par C. S. Gaucher, in-4.**

Belle épreuve avec l'adresse de Naudet, grandes marges.

MOUCHET (d'après F.)

124. La Ruse d'amour, par Darcis.

Très belle épreuve, rehaussée de couleurs, marges.

NAPOLÉON (Pièces sur)

125. *Amélie de Bavière* (Princesse Auguste), femme du Prince Eugène de Beauharnais, par Caronni et Longhi, d'après Ant. Locatelli, gr. in-4.

Très belle épreuve, tirée avec cache-lettre.

126. *Marie-Louise*, archiduchesse d'Autriche, par Ribault, d'après Bosio, gr. in-4.

Belle épreuve à toutes marges.

127. Clémence de Napoléon, par Clément, d'après Monsiau, pet. in-fol., en larg.

Très belle épreuve, petites marges.

128. Mariage de Napoléon. Cortège défilant dans les galeries du Louvre, gravé à l'eau-forte par Henri Reinhold, d'après B. Zix, in-fol., en larg.

Très belle épreuve en couleurs avant toutes lettres, seulement les noms d'artistes tracés à la pointe, grandes marges.

NATTIER (d'après M. R.)

129. **La Belle Source** *(Madame de Châteauroux)*, par Meliny.

Belle épreuve, marges.

130. La Chasseuse de cœurs (*Mademoiselle de Beaujolais*), par B. L. Henriquez.

Très belle épreuve, marges.

131. — Le même portrait.

Superbe épreuve avant toutes lettres, seulement les noms d'artistes tracés à la pointe, grandes marges, très rare.

132. Madame la D[sse] de*** en Hébé *(Louise-Henriette de Bourbon-Conti, Duchesse d'Orléans)*, par Hubert.

Très belle épreuve, petites marges (légèrement épidermée dans le haut).

133. Flore à son lever (*Madame du Boccage*), par Baléchou.

Très belle épreuve, petites marges.

134. La Force (*Madame de Châteauroux*), par Baléchou.

Très belle épreuve, petites marges.

135. La Nuit passe, l'Aurore paraît (*Madame de Mailly*), par Maleuvre.

Très belle épreuve, marges.

NATTIER (d'après M. R.).

136. Madame *Louise-Elisabeth de France,* Duchesse de Parme (la Terre). — Madame *Adélaïde de France* (l'Air). — Madame *Marie-Louise Thérèse-Victorine de France* (l'Eau). — Madame *Marie-Henriette de France* (le Feu). Quatre pièces gravées par Baléchou, J. Beauvarlet, R. Gaillard et J. Tardieu.

Très belles épreuves, marges.

137. Sujets tirés de l'histoire ancienne et des métamorphoses d'Ovide. Cinq pièces in-fol., par Desplaces, Audran, Dossier et Tardieu.

Très belles épreuves, grandes marges.

PAROY (Cte de)

138. Apollon et les Grâces, in-4, en larg., gravé à la manière de lavis.

Deux épreuves dont une non terminée, marges.

PATAS

139. *Colombe l'Aînée* (Mlle). Rôle de Belinde dans la Colonie. In-4 en pied.

Très belle épreuve. Marges.

PETIT

140. *Rohan* (Arm. Jul. P. de), archevêque de Reims, d'après H. Rigaud, in-fol.

Belle épreuve. Marges.

PICART (Bernard)

141. Tapisseries de Son Altesse Royale Monseigneur le Duc d'Orléans, représentant l'histoire de Méléagre, exécutées d'après les tableaux de Ch. Le Brun. *A Paris, chez la Vve Chéreau*, 1714. Titre et sept planches in-fol.

Très belles épreuves à toutes marges.

PORPORATI

142. Suzanne au bain, d'après Santerre. In-fol.

Belle épreuve. Marges.

REGNAULT (d'après N. F.)

143. Jupiter enlève Io, par Blot.

Epreuve avec marges.

REYNOLDS (d'après Sir Joshua)

144. *Ancram* (Lady). In-fol. à la manière noire, par J. Spilsbury.

Très belle épreuve. Grandes marges.

145. *Bingham* (The Honourable Miss). In-4, par F. Bonnefoy.

Très belle épreuve en noir, la figure rehaussée de couleurs. Marges, encadrée.

REYNOLDS (d'après Sir Joshua)

146. *Fordyce* (Miss), gravé à la manière noire par Ph. Corbutt.

Très belle épreuve. Grandes marges.

147. *Melbourne* (Lady) and the Honorable Penistou Lamb. Gravé à la manière noire par Th. Watson. In-fol.

Très belle épreuve. Remmargée.

148. Thaïs. Portrait de Miss Emily *Pott*, actrice, gravé par Fr. Bartolozzi. Pet. in-fol. en haut.

Très belle épreuve imprimée en bistre. Marges.

149. *Siddons* (M^rs) in the Character of the tragic-Muse., par Fr. Haward. In-fol., 1787.

Très belle épreuve. Marges.

150. *Spencer* (Georgina Countess), and her Daughter the Honorable Miss Georgina Spencer. Pet. in-fol. à la manière noire par C. Corbutt.

Très belle épreuve. Marges, encadrée.

RIDÉ

151. Sainte Madeleine (d'après Ch. Le Brun). In-fol.

Très belle épreuve avant la lettre, imprimée en couleurs. Marges. Rare.

RIGAUD (J.)

152. **Vues de Versailles et de Marly. Treize pièces pet. in-fol. en larg.**

Très belles épreuves coloriées du temps. Grandes marges.

153. **Vues de Marly. Six pièces pet. in-fol. en larg.**

Belles épreuves.

ROMNEY (d'après G.)

154. **The Seamstress, par T. Cheesman pupil of Bartolozzi. In-4.**

Très belle épreuve, imprimée en bistre. Marges.

SAINT-JEAN (d'après L. D. de)

155. **Femme à la mode.**
Femme de Qualité en déshabillé reposant sur un lit d'Ange.
Femme de Qualité sollicitant un Juge.
Femme de Qualité déshabillée pour le bain.

Suite de quatre estampes in-fol. en larg., très intéressantes pour les Costumes et l'Ameublement de l'époque Louis XIV.
Belles épreuves. Petites marges.

SCHALL (d'après)

156. **Histoire de Paul et Virginie. Suite de six estampes in-fol. en larg., gravées par Descourtis.**

Très belles épreuves imprimées en couleurs dans des cadres en baguettes sculptées noir et or, avec perles.

SERGENT-MARCEAU (A. F.)

157. Costumes de femmes. Huit pièces in-4.

Très belles épreuves en couleurs, grandes marges.

158. *Necker* (M.), in-4, avec sujet dans le bas, d'après Duplessis sous la direction de M. de Saint-Aubin (E. B. 349).

Très belle épreuve imprimée en couleurs, du 3e état, avec le nom en lettres grises et la date de 1789, marges.

SIMON (d'après I. P.)

159. La Française coquette.
La Pensive Anglaise.

Deux pièces faisant pendants, gravées par Prudhon et Bourgeois de la Richardière.
Très belles épreuves, marges.

SIMONET

160. *Lamballe* (Marie-Thérèse-Louise de Savoie Carignan, Pse de), in-8, d'après Carolus.

Rare épreuve à l'eau-forte pure, avant toutes lettres, avant la bordure et avant le fond, a toutes marges.

SLODTZ (d'après M. A.)

161. Bal de may, donné à Versailles pendant le Carnaval de l'année 1763, sous les ordres de M. le duc de Duras, par P. N. Martinet, pet. in-fol., en larg.

Belle épreuve d'un ancien tirage, grandes marges.

SMITH (J. R.)

162. A Lady and her Children releiving a Poor Cottager, in-fol. à la manière noire, d'après W. Bigg.

Très belle épreuve, marges, encadrée.

TARAVAL (d'après)

163. Le Gouverneur du Sérail choisissant les femmes, in-fol. en haut., par N. Le Mire.

Très belle épreuve avant la lettre, marges.

TAUNAY (d'après)

164. Le Départ de l'Enfant prodigue. — L'Enfant prodigue en débauche. Deux pièces in-fol. en larg. faisant pendants, gravées par Descourtis.

Très belles épreuves imprimées en couleurs, grandes marges.

165. Noce de Village, par Descourtis.

Très belle épreuve, imprimée en couleurs, sans marges et remmargée sur papier ayant la légende imprimée.

THOMSON

166. *Carmarthen* (The Right Hon. Louisa Catherine Mis of), d'après la miniature de M. Mée, in-8.

Très belle épreuve du 1er tirage *Proof*, grandes marges.

VALLIN (d'après)

167. Erigone. Le Paysage, gravé à l'eau-forte par Legrand, terminé au burin par Biosse, in-fol. en larg., 1793.

Très belle épreuve avant la lettre, le titre et les noms d'artistes tracés à la pointe.

VAN LOO (d'après Carle)

168. Bacha faisant peindre sa maîtresse, in-fol. en larg., par Lépicié.

Belle épreuve encadrée (mouillures).

169. La Confidence. — La Sultanne (Portraits de Mme la M^ise de Pompadour). Deux pièces faisant pendants, gravées par J. Beauvarlet, in-fol.

Très belles épreuves, marges.

VERMEULEN (C.)

170. *Boyer* (Mre J.-B.), Chevalier, Sgr d'Aguilles, de Ste-Foy, etc., d'après H. Rigaud.

Belle épreuve, petites marges.

VIGNETTES

171. **Beaumarchais.** Suite de cinq figures in-8, d'après Saint-Quentin, gravées par Malapeau et Roy pour la *Folle Journée*. 1785.

Belles épreuves à toutes marges.

VIGNETTES

172. **Gessner** (S.). Suite de deux portraits et quarante-sept figures in-8, d'après Moreau le Jeune pour les Œuvres. Edition Renouard.

Epreuves en feuilles gr. in-12.

173. **Molière.** Suite de un portrait gravé par Cathelin et trente-deux figures in-8, d'après Moreau le Jeune pour les *Œuvres*. Edition de Bret, 1773.

Bonnes épreuves, petites marges.

174. **Restif de la Bretonne**. Dix-neuf figures in-12, pour *les Françaises, les Parisiennes* et autres ouvrages.

Belles épreuves.

175. **Rousseau** (J. J.). Suite de un portrait gravé par A. de Saint-Aubin et de trente-sept figures in-4, d'après Moreau et Lebarbier, pour les *Œuvres complètes*, 1774-1783, in-4.

Belles épreuves avec marges.

176. **Rousseau** (J. J.). Un portrait et vingt-quatre figures in-4, d'après Monsiau pour *les Œuvres*. Edition Defer de Maisonneuve.

Belles épreuves avant la lettre, deux sont en double et une est avec la lettre.

VIGNETTES

177. **Rousseau** (J. J.). Suite de vingt-huit figures in-4, d'après Monsiau, pour *les Œuvres*. Edition Defer de Maisonneuve.

Belles épreuves, trois sont avant la lettre.

WATSON (James)

178. *Molineux* (lady), gravé à la manière noire, d'après Keetle.

Très belle épreuve, grandes marges.

179. *Pompadour* (Mme la marq. de), in-4, gravé à la manière noire, d'après Fr. Boucher.

Superbe épreuve avant la lettre, petites marges. Cadre en bois sculpté et doré de l'époque Louis XVI.

WATSON (T.)

180. *Barré* (Madame de), d'après Drouais, in-fol. à la manière noire.

Très belle épreuve, petites marges, rare.

WATTEAU (d'après Ant.)

181. L'Escarpolette, arabesque in-fol. en haut., par L. Crépy le fils.

Très belle épreuve, marges.

WATTEAU (d'après Ant.)

182. **La Signature du contrat de la noce de village, par Ant. Cardon, in-fol.**

Très belle épreuve, grandes marges.

183. **Le Triomphe de Cérès, par Crépy, in-fol. en larg.**

Très belle épreuve, marges.

WILLE (J. G.)

184. ***Löwendal*** **(Woldemar de) d'après M. Q. de La Tour, in-fol.**

Belle épreuve, petites matges.

GRANDE IMPRIMERIE DU CENTRE. — HERBIN, MONTLUÇON

www.ingramcontent.com/pod-product-compliance
Ingram Content Group UK Ltd.
Pitfield, Milton Keynes, MK11 3LW, UK
UKHW021522260726
13993UKWH00004B/1841